Mon petit doigt m'a dit

Je découvre
LES CHIFFRES

Conception : Anne Baudier
Illustrations : Coralie Saudo

Millepages

© 2010, Millepages
ISBN : 978-2-84218-269-4
Imprimé en Chine
Dépôt légal : octobre 2010
Loi n° 49-956 du 16 juillet 1949
sur les publications destinées à la jeunesse

Très tôt, les enfants apprennent à réciter les nombres à la suite. Dans la vie quotidienne, ils ont l'occasion de repérer des chiffres écrits mais cela ne suffit pas pour apprendre à identifier chaque chiffre. On sait aujourd'hui que l'apprentissage de la lecture est facilité par l'exploration tactile des caractères.

Dans cet ouvrage, l'enfant va découvrir la forme des chiffres en suivant avec son doigt le tracé de chacun d'eux, guidé par le relief. Cet exercice va aider à la reconnaissance du chiffre, à travers des exemples illustrés qui permettront à l'enfant de le repérer, de manière isolée, ou mélangé à d'autres chiffres.

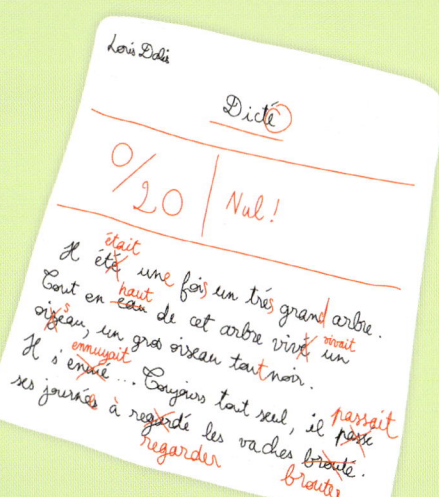

2

```
Trains au départ

PARIS       12:00
LILLE       12:12
TOULOUSE    13:22
BRUXELLES   14:02
LONDRES     14:23
```

VOIE 2

3

4

5

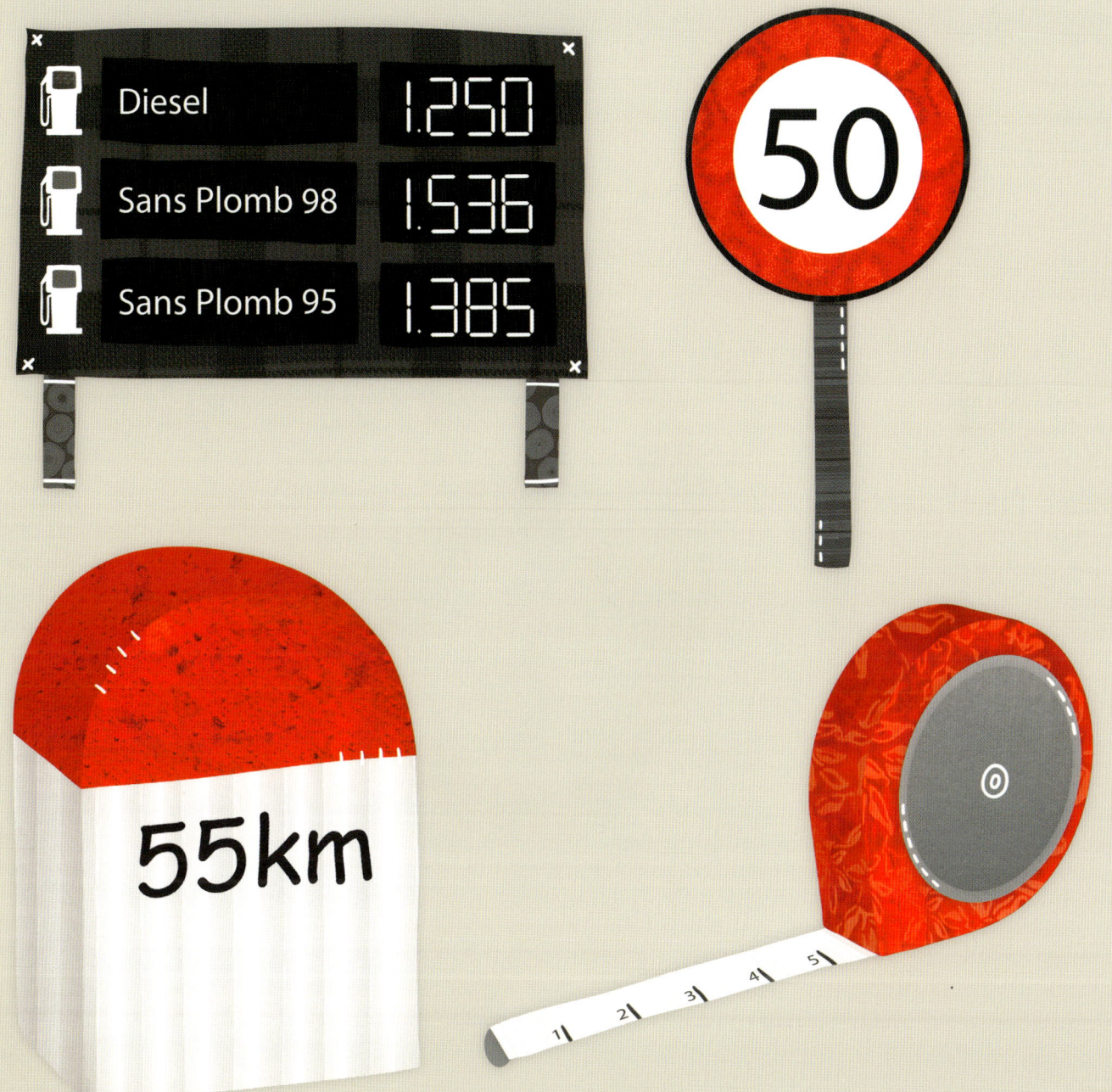

6

7

8

10

100

1000

1
2
3
4
5

6
7
8
9
10

0 1 2 3
4 5 6
7 8 9